# ESAS DIVINAS COSAS

**TRIBULACIONES Y ALEGRÍAS DE UN TRADUCTOR**

EDITORIAL SILUETA

JUAN CUETO-ROIG

## ESAS DIVINAS COSAS

**TRIBULACIONES Y ALEGRÍAS DE UN TRADUCTOR**

*To The Cuban Heritage Collection*

*Cueto*

*Miami, 25 de enero, 2011*

editorial SILUETA

© Juan Cueto-Roig, 2011
© Sobre la presente edición: Editorial Silueta, 2011

Primera edición: enero, 2011

ISBN: 978-0-9845435-6-4

Foto de portada: Reinaldo García Ramos
Diseño de portada: J.C-R
Diseño editorial: E. M. V.
Foto del autor: Iván Cañas

**Editorial Silueta**
Miami, Florida
http://www.editorialsilueta.com
Correo electrónico: silueta@editorialsilueta.com

Impreso en Miami, EE.UU.

Todos los derechos reservados. Queda rigurosamente prohibida, sin la autorización escrita del autor o de la editorial, bajo las sanciones establecidas por la ley, la reproducción total o parcial de esta obra por ningún medio, ya sea electrónico, químico, mecánico, óptico, de grabación o de fotocopia.

*Tanta palabra que decir  
lo que dijeron ya las bocas y las páginas;  
ecos de ayer cautivos  
en un mundo de letras sin recuerdo,  
letras que fueron ya perdidas  
entre las horas y la luz.  
Hay que volver a ellas,  
las pobres letras solas  
para que vivan otra vez  
con el arrimo de la pluma  
que les sacuda del dormir que guardan  
para que surjan del silencio de su muerte  
y vivan, sí, de vida firme  
esas divinas cosas: las palabras.*

*Las palabras* (Fragmento): Eugenio Florit

Mi agradecimiento a José Abreu Felippe
por sus atinadas sugerencias

## SOBRE POESÍA Y TRADUCCIONES

## LA TRADUCCIÓN POÉTICA

Como ya se ha dicho y es bien sabido, las traducciones son en algunos casos traiciones. Y a la poesía, más que traicionar, a veces asesina. Sin embargo, si no fuera por la osadía de los «traidores», las personas que dominan sólo un idioma se verían privadas de disfrutar el inmenso caudal de la obra poética escrita en otras lenguas.

Borges ha afirmado que no hay «ningún problema tan consustancial con las letras y con su modesto misterio como el que propone una traducción». Y define magistralmente esta labor como «un sorteo experimental de omisiones y de énfasis», lo que, según Efraín Kristal, de la Universidad de California en Los Ángeles, ofrece al traductor dos alternativas: «o bien registra todas las singularidades de una obra, o elimina aquéllas que oscurecen los efectos generales de la misma». «Para Borges, una traducción es una obra que se debe juzgar con imparcialidad, porque sus méritos literarios no dependen del original.» Y agrega el professor Kristal: «Borges ha desacreditado algunas traducciones de su propia obra que respetaron demasiado al diccionario, y ha aplaudido las que supieron tomar felices libertades con ella».

Gesualdo Bufalino, el gran escritor italiano, definió así el oficio del traductor: «El traductor es evidentemente el único auténtico lector de un texto. Por cierto más que cualquier crítico, quizá más que el propio autor. Porque de un texto el crítico es solamente el cortejante ocasional, el autor el padre y el marido, mientras que el traductor es el amante».

## LOS RETOS DE UN TRADUCTOR

Cuando hace algunos años me impuse la tarea de traducir a Cummings, no imaginaba lo arduo que sería el proyecto. Afortunadamente, *En época de lilas, 44 poemas de E. E. Cummings traducidos al castellano* resultó una labor gratificante en extremo, y el libro fue muy bien recibido por la crítica. En su presentación en el Centro Cultural Español de Miami hablé de los retos que tiene que afrontar un traductor de poesía. A continuación, un extracto de mi comentario.

Traducir poesía es un reto embriagador. Las dificultades son enormes. Y en este caso mucho más, ya que Cummings es un poeta muy difícil, y escasean traducciones en castellano para usarlas como punto de referencia o comparación. Aparte de tres o cuatro poemas suyos incluidos por Octavio Paz en *Versiones y diversiones* (ninguno de los cuales escogí para mi libro) no tuve manera de comprobar si mi trabajo tenía algún mérito. Fue una tarea totalmente a ciegas, sin más aval que mi propio juicio.

Voy ahora a comentar algunos ejemplos de los rejuegos semánticos, de la alquimia y las frustraciones que entraña una traducción poética.

«Handsorgan» significa órgano u organillo. Ambas palabras tienen en español más connotación anatómica que musical, sobre todo la última, que para colmo suena a higadillo. Por lo tanto, decidí usar «organillero». Preferí al músico en lugar del instrumento, lo cual no desvirtúa en nada la idea del poema.

«Daffodils» es una palabra muy común en poesías y canciones en inglés, y tiene en dicho idioma un significado único. No así su equivalente en castellano que es «narciso», vocablo con una directa connotación mitológica. Por eso escogí «lirios».

Cummings comienza uno de sus poemas con el vocablo francés «Chérie». De entrada descarté «amada», por no reflejar el tono que intentó el poeta. Preferí «querida». Pero «Querida», al comienzo de una frase, a mí me remite de inmediato a la popular canción de Juan Gabriel, por eso la deseché. Y si Cummings la usó en francés, no tenía por qué obligarme yo a traducirla. La misma lógica usé con «O baby». Descarté «Oh, chica», «Oh, niña», «Oh, muchacha», «Oh nena», porque ninguna me gustaba. Preferí entonces «Oh, baby», que es una expresión universalmente conocida y empleada.

Y finalmente, un verdadero dolor de cabeza. Hay un poema donde Cummings describe una ciudad utópica:

...*a city which nobody's ever visited,where*
*always*
      *it's*
          *Spring)and everyone's*
*in love and flowers pick themselves*

¿Cómo traducir «pick themselves»? Ésta fue la última duda. Una obsesión que duró meses. Me despertaba a media noche pensando en flores que «se cogían a sí mismas». Es sabido que el verbo coger tiene la directa e inmediata connotación del acto sexual en varios países de Hispanoamérica, especialmente en México y Argentina. Consideré «escogen», «recogen», «seleccionan», «recolectan», pero ninguna me gustaba. Y ahí seguían esas flores cogiéndose a sí mismas. Y un día, le confié mi tormento a la poetisa Amelia del Castillo, quien me sugirió «cortan». Y se hizo la luz, porque aunque no es una traducción exacta, conlleva la idea de que se «cortan» ellas mismas con el fin de formar un ramillete, que es lo que intentó decir Cummings. Y aunque ese cortar puede interpretarse también como un masivo suicidio floral, preferí la posible connotación de flores suicidándose, que al fin y al cabo es mucho más poético que imaginarlas entregadas a una extraña aberración sexual.

## TRADUTTORE, TRADITORE

Hace unos días, comparando versiones de la oda *On a Grecian Urn* del gran poeta inglés John Keats (Londres 1795-Roma 1821), encontré un claro ejemplo de cómo una traducción puede perjudicar un texto literario.
 Copio a continuación los últimos versos de ese poema y dos traducciones distintas. Aun el lector menos experto podrá apreciar enseguida la diferencia entre la burda labor de José María Valverde (España 1926-1996)* y la excelente traducción del poeta cubano Heberto Padilla (Cuba 1932-EE.UU. 2000). Mientras Padilla extracta y transfiere al castellano la belleza de la estrofa casi intacta, Valverde traduce los versos en una forma horrible.

Keats

*When old age shall this generation waste,*
*Thou shalt remain, in midst of other woe*
*Than ours, a friend to man, to whom thou say'st,*
*Beauty is truth, truth beauty, —that is all*
*Ye know on earth, and all ye need to know.*

Valverde

Cuando la vejez gaste esta generación
tú quedarás entre otros dolores
que los nuestros, amiga de los hombres, diciéndoles:
«Belleza es verdad, y verdad es belleza»:
tan solo sabéis eso en la tierra, sin necesitar más.

Padilla

Cuando ya la vejez nos haya consumido,
tú quedarás en medio de pesares
que no serán los nuestros,
solidaria del hombre, diciéndole:
«La belleza es verdad;
la verdad es belleza»,
y eso es todo lo que en la tierra sabes
y todo lo que necesitas saber.

* José María Valverde: Catedrático de la Universidad de Barcelona que, en cambio, escribió un magnífico prólogo al libro *Poetas románticos ingleses* (Ed. Planeta, 1989), donde aparece este poema.

Y de la poesía *The Tyger*, de William Blake (1757-1827), estas dos versiones de los cuatro primeros versos.

Blake

*Tyger! Tyger! Burning bright*
*In the forests of the night,*
*What immortal hand or eye*
*Could frame thy fearful symmetry?*

Padilla

¡Tigre! ¡Tigre!
en la espesura de la noche,
ardes, fulguras.
¿Qué ojo o mano eterna
haría tu terrible simetría?

Juan Cueto-Roig

¡Tigre! ¡Tigre! Fiero destello
en las selvas de la noche
¿Qué ojo o mano eterna
pudo forjar tu temible simetría?

    Y de William Wordsworth (1770-1850), cuatro versos de su poema *Lucy* y la traducción que de ellos ofrece el libro antes mencionado.

*No motion has she now, no force;*
*She neither hears nor sees;*
*Rolled round in earth's diurnal course,*
*With rocks, and stones, and trees*

Ni fuerza tiene ya, ni movimiento;
Ni oye, ni mira ya: despacio rueda
En cotidiana rotación terrestre,
Con árbol, roca y piedras

    En éste, nuestra única objeción es a la palabra «rueda» que definitivamente sustituiríamos por «gira», por expresar mejor la idea de girar con la Tierra que es lo que sugiere el poema y no de rodar sobre su superficie.

# TRIBULACIONES Y ALEGRÍAS DE UN TRADUCTOR

*La Segunda Venida o El Segundo Advenimiento*

Años después de que traduje *The Second Coming*, de William Butler Yeats (Irlanda 1865-1939), en una tertulia literaria con motivo de la novena edición de la revista *Decir del agua* que dirige el poeta Reinaldo García Ramos, fui invitado a leer *La Segunda Venida*. En lo que esperaba mi turno, un señor que estaba sentado a mi lado quiso ver mi traducción. Da la casualidad que mi vecino de asiento era un escritor cubano, educado en Estados Unidos, el cual me dijo que su poeta favorito era Yeats y que él era un experto en su obra. Cuando terminó de leer mi versión, objetó la frase *La Segunda Venida* y sugirió *El Segundo Advenimiento*. Impresionado por su erudición, cuando minutos después leí el poema, sustituí las tres veces que la frase aparece en el texto y la cambié a «El Segundo Advenimiento», ante el asombro de los que conocían mi traducción.

    Al finalizar el acto y comentar el asunto con varios colegas, unos prefirieron *La Segunda Venida*, otros, *El Segundo Advenimiento*, y hasta hubo uno que dijo que «venida» era un barbarismo. No creo que *venida* sea ningún barbarismo. Según el diccionario es el acto o la acción de venir. En Internet hay numerosas referencias a la frase *La Segunda Venida*. Además, pienso que si su autor hubiera querido evitar (como yo al principio traté) la connotación sexual (que también ocurre en inglés) pudo muy bien haber usado *advent*. La frase *El Segundo Advenimiento*, además de pomposa, tiene una sílaba más y dos oes que la afean y oscurecen. «La Segunda Venida» fonéticamente es más bella, aunque también es verdad que, para algunos, puede resultar picaresca e intrigante.

### DOS OPINIONES A FAVOR DE «LA VENIDA»

Mi amiga, la periodista Olga Connor, me envió lo siguiente:

*El título del capítulo 5 de la Primera Epístola a los Tesalonicenses es "Vigilancia en la espera de la Venida del Señor", y abajo se repite en la explicación: "Pablo, reiterando las afirmaciones del Señor sobre la incertidumbre de la fecha de su Venida postrera".*

*Esto es tomado de la Biblia de Jerusalén, publicada originalmente en 1973, (pero totalmente aprobada por la Iglesia Católica, NIHIL OBSTAT José Ramón Scheifler Amézaga, Censor ECCO).*

Y mi amigo Vicente Echerri, experto en asuntos bíblicos, me aseguró:
*Lo correcto es La Segunda Venida.*

Por lo tanto he decidido que la venida se queda, no se va.

## LA TRADUCCIÓN INDIRECTA

*Hay un poder llamado "intuición" y un tiento para el lenguaje que me parecen indispensables (de nada sirve el primero si falta el segundo). Ambos permiten al poeta que no domina un tercer idioma llegar a él a través de un segundo y traer al suyo lo que importa: la poesía del poema original. Sin ella, que suele escasear en mucha traducción directa, la labor es, más que inútil, perjudicial, pues ofrece como poemas textos donde lo esencial brilla por su ausencia, decepcionando al curioso que no entiende cómo puede mostrarse entusiasmo por algo tan desangelado. Si un poema traducido resulta, más que un poema, una traducción, y como tal intenta excusársele, no valió la pena traducirlo, y esa traducción debe desecharse.*

Orlando González Esteva

Cuando publiqué mi libro *Constantino P. Cavafis, veintiún poemas traducidos del inglés,* algunos me criticaron por haberme yo atrevido a traducir del inglés y no del idioma en que escribió Cavafis. No soy yo el único que ha hecho tal cosa. Por citar sólo un caso, ahí está Octavio Paz, quien en su libro *Versiones y diversiones* incluyó traducciones indirectas del japonés, del sueco, del chino y del sánscrito, idiomas que el Nobel mexicano desconocía. Y él lo dijo sin ambages: «A partir de poemas en otras lenguas quise hacer poemas en la mía».

Comentaré algunas de las dificultades y disyuntivas que confronté mientras traducía los poemas de Cavafis, y la forma en que traté de resolverlas. Y al mismo tiempo, el lector podrá comprobar que una traducción directa no es necesariamente mejor que una que se hace de un idioma intermedio.

## Un anciano

Vean esta traducción directa del griego por el poeta colombiano Fernando Arbeláez.

*Un anciano sentado se inclina sobre la mesa,*
*leyendo un periódico, sin compañía.*

Y esta otra traducción directa del griego, del filólogo y traductor español Pedro Bádenas de la Peña.

*Inclinado sobre la mesa,*
*está sentado un viejo;*
*con un periódico delante, sin compañía.*

Al comienzo del poema, Cavafis nos brinda una especie de instantánea fotográfica: Un viejo sentado a la mesa de un café, recordando el pasado. La primera versión me parece inapropiada. Si el hombre está leyendo el periódico, no está recordando el pasado. La segunda es más real, porque menciona el periódico, sin decir que lo está leyendo. Pero la descripción de la escena es muy burda. Yo traté de revelar la «foto» tal como la captó Cavafis desde la puerta del café, con sus elementos esenciales: el viejo, la mesa y el periódico (sin especificar si lo lee o no). Y uso la palabra «solo», esa breve, bella y terrible palabra, que sin más explicaciones implica soledad, y que no necesita la innecesaria aclaración «sin compañía».

Mi versión, exacta y concisa es ésta.

Al fondo de un bullicioso café
un anciano está sentado a una mesa, solo,
inclinado sobre un periódico.

**Velas**

Casi todas las versiones que consulté dicen así.

*Las más cercanas humeantes todavía.*
*Velas frías, torcidas, derretidas.*

Me pareció que cambiar el orden de estos dos últimos versos resultaría en una más lógica exposición de los hechos. Porque las velas «humeantes todavía», pueden estar torcidas y derretidas, pero no frías.

Esta es mi versión.

Los días del pasado se van quedando atrás,
luctuosa hilera de velas extinguidas;
velas frías, torcidas, derretidas.
Las más cercanas humeantes todavía.

**El espejo en el vestíbulo**

Las descripciones del empleo del muchacho en las traducciones inglesas y castellanas que cito a continuación son válidas, pero muy feas.

*Asistente de un sastre, mandadero, mensajero, ayudante de una sastrería empleado donde un sastre.*

A mí, la primera palabra que se me ocurrió fue «aprendiz», palabra fonéticamente más bella y que resume toda esa otra palabrería. Porque un aprendiz de sastre puede ser a la vez ayudante de una sastrería, mandadero, mensajero, empleado, etc.

Mi versión.

Un muchacho muy bello, aprendiz de sastre
(y atleta aficionado los domingos)

**Recuerda, cuerpo**

Ésta no necesita comentario.

Del profesor chileno Miguel Castillo Didier, traductor de Cavafis directamente del griego.

*No sólo los lechos en que te acostaste*

Y miren este otro disparate en una traducción directa del griego, del escritor mexicano Cayetano Cantú.

*Las camas que tuviste*

He aquí mi versión.

Cuerpo, no recuerdes sólo cuánto te amaron,
ni sólo los lechos en que fuiste amado.

**Deseos**

Esta traducción fue también hecha directamente del griego por el poeta español Ramón Irigoyen.

*Como cuerpos bellos de muertos que no han envejecido*
*y a los que, con lágrimas, en mausoleos espléndidos*
*⠀⠀⠀⠀⠀⠀⠀⠀⠀⠀⠀⠀⠀⠀⠀⠀⠀⠀⠀⠀⠀⠀⠀⠀[encerraron*
*–jazmines en los pies y en la cabeza rosas–*
*así son los deseos que pasaron*
*sin tener cumplimiento, sin merecer*
*una noche de placer, o un alba luminosa.*

«muertos que no han envejecido», me parece disparatado: es obvio que los muertos no pueden envejecer (a menos que se esté hablando de momias). Y «encerraron», «tener cumplimiento» y «deseos que pasaron», me parecen expresiones muy pobres. Quizás, lo único salvable y bello sería «alba luminosa», aunque no deja de ser un poco redundante.

Mi versión.

Como hermosos cuerpos que murieron jóvenes
y fueron sepultados, con lágrimas, en mausoleos
⠀⠀⠀⠀⠀⠀⠀⠀⠀⠀⠀⠀⠀⠀⠀⠀⠀⠀⠀⠀⠀⠀⠀⠀[suntuosos
–coronados de rosas y con jazmines a sus pies–
así son los deseos no satisfechos; que nunca
⠀⠀⠀⠀⠀⠀⠀⠀⠀⠀⠀⠀⠀⠀⠀⠀⠀⠀⠀⠀⠀⠀⠀⠀[alcanzaron
una noche de sensual deleite, o una mañana de
⠀⠀⠀⠀⠀⠀⠀⠀⠀⠀⠀⠀⠀⠀⠀⠀⠀⠀⠀⠀⠀⠀⠀⠀[esplendor.

**Hace tanto tiempo** (Castillo Didier lo titula **Lejos**)

Miguel Castillo Didier, profesor chileno licenciado en lengua griega, lo tradujo así del idioma original.

*Quisiera este recuerdo decirlo...*
*Pero de tal modo se ha borrado... como que nada queda*
*porque lejos, en los primeros años de mi adolescencia yace.*
*Una piel como hecha de jazmín...*
*Aquel atardecer de agosto −¿era agosto...?−*
*Apenas me recuerdo ya de los ojos; eran, creo, azules...*
*Ah sí, azules: un azul de zafiro.*

No es sólo una pésima traducción, sino que Castillo Didier incurre en un error gramatical: debe ser «apenas me acuerdo», no «apenas me recuerdo».

Mi versión.

Quisiera poder nombrar este recuerdo...
pero está ya tan borroso... que apenas queda
[nada−
porque fue hace mucho tiempo,
en mi temprana adolescencia.
Como de jazmín era la piel...
aquella tarde −¿era agosto?−
Aún puedo recordar los ojos: eran azules, creo...
Ah, sí, azules: como el zafiro azules.

Y del mismo Castillo Didier.

## Preguntaba por la calidad

*Desde la oficina donde lo habían tomado*
*para un puesto insignificante y mal pagado*
*(como ocho liras al mes: con los extras)*
*salió al terminar su maldito trabajo*
*donde la tarde entera había estado agachado:*
*salió a las siete, e iba caminando lentamente*
*haraganeando por la calle.* –Hermoso,

Las expresiones «lo habían tomado para un puesto», «agachado», «haraganeando» son un horror.
Además, la moneda en Alejandría era la libra egipcia, no la lira.

Mi versión.

## Preguntó por la calidad

Salió de la oficina
donde desempeñaba un insignificante y mal
[pagado empleo
(ocho libras al mes, bonos incluidos).
Salió después de una monótona jornada
que lo mantuvo ocupado todo el día.
Eran las siete, caminaba indolente por la calle.
[Hermoso,

## La ciudad

Se dice que ningún poema de Cavafis es a la vez tan simple y tan complicado como *La ciudad*. No es sólo de la ciudad de lo que no puede escapar el poeta, sino también de sus demonios, sus recuerdos, su sexualidad, sus éxtasis y vicisitudes. En *La ciudad* (su Alejandría) sintetizó Cavafis todo eso. La idea no es nueva. Este poema me recordó un párrafo de un cuento de Horacio Quiroga: «La patria, hijo mío, es el conjunto de nuestros amores... Traza las fronteras de tu patria con la roja sangre de tu corazón». Y ese concepto de «patria-yo» lo encontramos también en una frase del poeta latino Horacio: «¿Quién, huyendo de su tierra, puede escapar de sí mismo?».

Hay muchas traducciones de este famoso poema. Lawrence Durrell, Marguerite Yourcenar, Edmund Keeley y Philip Sherrard, por citar sólo algunas. Y todas han sido muy criticadas. La de Marguerite, en prosa, tiende a ser más poética que el original. La versión de Keelley, en verso, suena tan prosaica que mejor la hubiera hecho en prosa. Otras son arcaicas o demasiado modernas en su forma y lenguaje. Y a casi todas se las tacha de ser ajenas a la intención de Cavafis.

Pues con «esos bueyes» tuve yo que arar. Y como sucede muchas veces al traducir un texto y, en especial, un poema, tuve que ir más allá de las palabras y tratar de adentrarme en el «alma» del poeta.

Y después de tanto batallar con este poema, resulta que de los 21 que contiene mi libro, José Abreu Felippe, cuya opinión es para mí muy valiosa, opinó que *La ciudad* no estaba a la altura de los demás. Y debe tener razón, porque Abreu sabe mucho de poesía y de Cavafis. Por otra parte, me consuela que calificara los otros 20, mejores que los traducidos por José María Álvarez, considerado el mejor traductor de Cavafis al castellano.

## ALGUNAS DE MIS TRADUCCIONES FAVORITAS

De todas éstas, yo, Juan Cueto-Roig, me declaro culpable y traidor.

NOTA:

Como bien indica el título de esta sección, los poemas que la integran son traducciones favoritas del traductor. La selección es fortuita y no pretende ser una antología, ni siquiera una muestra meritoria de las distintas categorías geográficas en que se clasifican; categorización que sólo intenta ordenar la variedad del conjunto. Y para darles cierta ilación cronológica a los poetas, poetisas y poemas, los autores incluidos están ordenados según la fecha de su muerte, o en su defecto, de su nacimiento.

**POESÍA LATINA**

## PRIAPUS

(Versión de una traducción)

### *Priapus*

*Why laugh such laughter, O most silly maid?*
*My form Praxiteles nor Scopas hewed;*
*To me no Phidian handwork finish gave;*
*But me a bailiff hacked from shapeless log,*
*And quoth my maker, 'Thou Priapus be!'*
*Yet on me gazing forthright gigglest thou*
*And holdest funny matter to deride*
*The pillar perking from the groin of me.*

Epigrama traducido del latín al inglés por Leonard C. Smithers y Sir Richard F. Burton, según aparece en el libro *Priapeia* publicado en 1890, el cual contiene una colección de noventa y cinco poemas cortos compilados de obras literarias de la antigüedad y de inscripciones halladas en las imágenes de Príapo, dios de la fertilidad.

Príapo, hijo de Dionisio (dios del vino) y Afrodita (diosa del amor), era representado con un enorme falo. Los romanos solían colocar en sus jardines estatuas de Príapo. Su función era garantizar abundantes cosechas. Fidias, Escopas y Praxíteles fueron famosos escultores de la antigua Grecia.

# PRÍAPO

(Versión libre de Juan Cueto-Roig)

**Palabras de Príapo a una púdica y tímida doncella**

No debo a Fidias mi turgencia y fama
Ni Praxíteles me esculpió ni Escopas
Fue Dionisio quien lúbrico entre copas
Me dotó de este fuego que me inflama.

Y tú doncella que a mi lado pasas
Por qué tu vista mi presencia ignora
Si en tus mejillas el rubor aflora
Y de deseo y de pasión te abrasas.

No pases sin mirar, ven palpa y prueba;
Disfruta luego y sin recato goza
La columna que firme y majestuosa
De mis ingles olímpica se eleva.

**POESÍA INDOAMERICANA**

# Indian Leyend

## *The Moon and the Sun*

*The Sun was a young woman and lived in the East,
while her brother, the Moon,
lived in the West.
The girl had a lover
who used to come every month
in the dark of the moon to court her.
He would come at night,
and leave before daylight,
and although she talked with him
she could not see his face
in the dark, and he would not
tell her his name,
until she was wondering all the time
who it could be. At last she hit
upon a plan to find out,
so the next time he came,
as they were sitting together
in the dark of the asi (\*),
she slyly dipped her hand into the
cinders and ashes of the fireplace
and rubbed it over his face,
saying, "Your face is cold;
you must have suffered from the wind,"
and pretending to be very sorry for him,
but he did not know that she had ashes
on her hand. After awhile he left her
and went away again.*

Leyenda india

## La Luna y el Sol

El Sol era un joven que vivía en el Este,
mientras que su hermana, la Luna, vivía en el Oeste.
El joven tenía una enamorada
que lo visitaba todos los meses
para cortejarlo.
Venía en las noches cuando no había Luna
y se iba antes que amaneciera.
Y a pesar de que ella le hablaba
él no podía verle el rostro en la oscuridad.
No le decía su nombre
y él se preguntaba todo el tiempo
quién sería ella.
Al fin ideó un plan para averiguarlo.
Así que la próxima vez que ella lo visitó,
mientras estaban sentados uno junto al otro
en la oscuridad del *asi* (*)
él metió su mano con disimulo
en los rescoldos y cenizas del anafe
y le frotó la frente diciéndole:
«Tu cara está fría,
debe habértela enfriado el viento»,
fingiendo condolerse de ella.
Pero ella no se dio cuenta de que él tenía ceniza en
                                            [su mano.
Después de un rato ella se marchó.

*The next night when the Moon came up
in the sky his face was covered with spots,
and then his sister knew he was the one
who had been coming to see her.
He was so much ashamed to have her
know it that he kept as far away as he
could at the other end of the sky all the night.
Ever since he tries to keep a
long way behind the Sun,
and when he does sometimes have to
come near her in the West he makes himself
as thin as a ribbon so that he can hardly be seen.*

(\*) *asi*: (sweat house)

NOTA DEL TRADUCTOR

En la traducción de esta leyenda confronté el problema de la sexualidad de los astros. Desconozco el texto original, pero como en el idioma inglés los objetos y las palabras que los definen son asexuados, no pude adjudicarles en castellano a dichos astros los sexos que el poema les asigna, ya que en nuestro idioma la personalidad y el sexo del Sol y de la Luna están bien definidos y no corresponden a los del poema: En castellano, el Sol es macho y la Luna es hembra. Hubiera sido perturbador, por no decir ininteligible, hacer del Sol un ser femenino o masculinizar a la Luna. Por tanto, cambié la trama: convertí al Sol («la mujer seducida») en hombre; y a la Luna («el hombre seductor») en mujer.

La noche siguiente, cuando la Luna se elevó en el
                              [horizonte
su rostro estaba cubierto de manchas
y entonces su hermano supo
que era ella quien lo había estado visitando.

Ella se sintió tan avergonzada de que él se enterara
que toda la noche se mantuvo alejada de él lo más
                              [que pudo,
al otro extremo del firmamento.
Desde entonces, trata de mantenerse a gran distancia
                              [del Sol.
Y cuando algunas veces se ve obligada a acercársele
                              [en el Este,
se hace tan delgada como una cinta para que él no
                              [pueda verla.


(*) Casa del sudor. Especie de sauna primitiva, de uso generalizado entre los indios americanos.

## POESÍA INGLESA E IRLANDESA

# William Shakespeare
## (1564-1616)

### From *Midsummer Night's Dream*
### Act V, Scene 1

*Lovers and madmen have such seething brains,*
*Such shaping fantasies, that apprehend*
*More than cool reason ever comprehends.*
*The lunatic, the lover and the poet*
*Are of imagination all compact.*
*One sees more devils than vast hell can hold,*
*That is, the madman; the lover, all as frantic,*
*Sees Helen's beauty in a brow of Egypt;*
*The poet's eye, in fine frenzy rolling,*
*Doth glance from heaven to earth, from earth to heaven;*
*And as imagination bodies forth*
*The forms of things unknown, the poet's pen*
*Turns them to shapes and gives to airy nothing*
*A local habitation and a name.*
*Such tricks hath strong imagination,*
*That if it would but apprehend some joy,*
*It comprehends some bringer of that joy;*
*Or in the night, imagining some fear,*
*How easy is a bush supposed a bear!*

## De **Sueño de una noche de verano**
### Estrofa de la primera escena del quinto acto

Los amantes y los locos tienen una mente tan febril,
Y forjan tan elaboradas fantasías, que conciben
Más de lo que la razón es capaz de discernir.
El loco, el amante y el poeta
Tienen en común la imaginación.
El loco ve más demonios
De los que el vasto infierno puede contener.
El amante, no menos insensato,
La belleza de Helena
En cualquier semblante egipcio querrá ver.
Los ojos del poeta, en idílico arrebato,
Giran del Cielo a la Tierra, de la Tierra al Cielo;
Y mientras su imaginación bosqueja
El contorno de lo ignoto, la pluma del poeta
Esculpe formas, y al nada etéreo
Da cuerpo y nombre.
Y es tan fuerte este delirio de la mente,
Que si llega a concebir alguna dicha,
Crearía un portador para esa dicha;
O si en la noche imaginara algo espantoso,
¡Tomaría un arbusto por un oso!

Percy Bysshe Shelley
(1792-1822)

## *Music, When Soft Voices Die*

*Music, when soft voices die,*
*Vibrates in the memory;*
*Odours, when sweet violets sicken,*
*Live within the sense they quicken.*

*Rose leaves, when the rose is dead,*
*Are heaped for the beloved's bed;*
*And so thy thoughts, when thou art gone,*
*Love itself shall slumber on.*

## La música, cuando las gratas notas mueren

La música, cuando las gratas notas mueren,
permanece vibrando en la memoria;
la fragancia, cuando se marchitan las violetas,
pervive en el sentido que incitaron.

Las hojas del rosal, cuando la rosa muere,
conforman el lecho de la amada;
y así, en tu recuerdo, cuando partas,
el propio amor se mantendrá latente.

*William Blake*
*(1757-1827)*

### The Sick Rose

*O Rose, thou art sick.*
*The invisible worm*
*That flies in the night*
*In the howling storm*

*Has found out thy bed*
*Of crimson joy,*
*And his dark secret love*
*Does thy life destroy.*

### La rosa enferma

Estás enferma, Oh, Rosa.
El invisible gusanillo
que vuela en las noches
de fragorosa tormenta
ha descubierto
el júbilo carmesí de tu lecho,
y su infausto y secreto amor
consume tu vida.

Walter Savage Landor
(1775-1864)

### *I Strove with None*

*I strove with none, for none was worth my strife:*
*Nature I loved, and next to Nature, Art:*
*I warmed both hands before the fire of Life;*
*It sinks; and I am ready to depart.*

## Por nadie luché

Por nadie luché, pues nadie lo mereció.
Amé la Naturaleza y amé también el Arte.
Templé ambas manos al fuego de la Vida;
Y hoy que se extingue, estoy presto a partir.

# Alfred, Lord Tennyson
## (1809-1892)

### *Flower in the Crannied Wall*

*Flower in the crannied wall,*
*I pluck you out of the crannies,*
*I hold you here, root and all, in my hand,*
*Little flower – but if I could understand*
*What you are, root and all, and all in all,*
*I should know what God and man is.*

## Flor en el muro agrietado

Flor en el muro agrietado
Te arranco de las grietas
Y te tengo aquí en mi mano, raíz y todo.
Si comprender yo pudiera
Qué eres tú pequeña flor
Qué es el hombre
Y lo que es Dios yo supiera.

# Ernest Dowson
## (1867-1900)

### *Vitae Summa Brevis Spem Nos Vetat Incohare Longam*

*They are not long, the weeping and the laughter,*
*Love and desire and hate:*
*I think they have no portion in us after*
*We pass the gate.*

*They are not long, the days of wine and roses:*
*Out of a misty dream*
*Our path emerges for a while, then closes*
*Within a dream.*

## Vitae Summa Brevis Spem Nos Vetat Incohare Longam

No duran mucho el llanto ni la risa,
ni el amor, ni el odio, ni el deseo:
No queda nada de ellos
en nosotros, yo creo,
una vez que partimos.

No duran mucho los días de vino y rosas:
Nuestra senda emerge
por un instante de la bruma de un sueño
para esfumarse después también
en un sueño.

William Butler Yeats
(1865-1939)


*The Second Coming*

*Turning and turning in the widening gyre*
*The falcon cannot hear the falconer;*
*Things fall apart; the centre cannot hold;*
*Mere anarchy is loosed upon the world,*
*The blood-dimmed tide is loosed, and everywhere*
*The ceremony of innocence is drowned;*
*The best lack all conviction, while the worst*
*Are full of passionate intensity.*

*Surely some revelation is at hand;*
*Surely the Second Coming is at hand.*
*The Second Coming! Hardly are those words out*
*When a vast image out of Spiritus Mundi*
*Troubles my sight: somewhere in the sands of the desert*
*A shape with lion body and the head of a man,*
*A gaze blank and pitiless as the sun,*
*Is moving its slow thighs, while all about it*
*Reel shadows of the indignant desert birds.*

## La Segunda Venida

Girando y girando en el vasto girar
el halcón no puede oír al halconero.
Las cosas se deshacen,
ceden los cimientos,
la anarquía se desata sobre el mundo,
una marea de sangre se desborda
y se extingue en todas partes el ritual de la inocencia.
Los mejores carecen de toda convicción,
mientras los peores
están llenos de fanática osadía.

Sin duda nos hallamos ante una revelación:
Sin duda la Segunda Venida se avecina.
¡La Segunda Venida!
Apenas pronunciadas las palabras,
cuando una horrenda imagen del Spiritus Mundi
conmueve mi visión:
en algún lugar en las arenas del desierto
una forma con cuerpo de león y cabeza de hombre,
una mirada vacía y despiadada como el Sol
está moviendo lentamente sus piernas,
mientras acechan por doquier las sombras
de las indignadas aves del desierto.

*The darkness drops again; but now I know  
That twenty centuries of stony sleep  
Were vexed to nightmare by a rocking cradle,  
And what rough beast, its hour come round at last,  
Slouches towards Bethlehem to be born?*

Las tinieblas descienden de nuevo,
pero ahora comprendo
que veinte siglos de impávido sueño
fueron trocados en pesadilla por el mecer de una
[cuna.
¿Qué infame bestia, cuya hora al fin ha llegado,
se arrastra hacia Belén para nacer?

**When You Are Old**
*Inspirado en Quand vous serez bien vieille,*
*au soir à la chandelle*
de Pierre Ronsard (1524-1585)

*When you are old and gray and full of sleep,*
*And nodding by the fire, take down this book,*
*And slowly read, and dream of the soft look*
*Your eyes had once, and of their shadows deep;*

*How many loved your moments of glad grace,*
*And loved your beauty with love false or true,*
*But one man loved the pilgrim soul in you,*
*And loved the sorrows of your changing face;*

*And bending down beside the glowing bars,*
*Murmur, a little sadly, how Love fled*
*And paced upon the mountains overhead*
*And hid his face amid a crowd of stars.*

Nota

El texto francés es más explícito que el de Yeats. Ronsard especifica que el «libro» (los versos) (*mes vers*) fueron escritos por él mismo: *Ronsard me célébrait du temps que j'étais belle*; y en el poema original está también más acentuado el reproche a la «anciana», Hélène de Surgère, por el desdén al amor que Ronsard le profesaba y que ella al parecer no correspondió.

## Cuando seas una anciana

Cuando seas una anciana canosa y soñolienta
dormitando junto al fuego, toma este libro
y despacio lee, y evoca la tierna y profunda mirada
que tus ojos una vez tuvieron.

Cuántos amaron tus días de esplendor y tu belleza
con amor falso o sincero.
Pero sólo un hombre amó en ti tu alma peregrina,
y en tu mudable rostro la tristeza.

Y mientras contemplas las ardientes brasas
murmura, con un poco de pesar, cómo el Amor huyó
más allá de la cima de los montes
y ocultó su rostro entre la multitud de las estrellas.

# Spike Milligan
## (1918-2002)

### *Feelings*

*There must be a wound!*
*No one can be this hurt*
*and not bleed.*

*How could she injure me so?*
*No marks*
*No bruise*

*Worse!*
*People say 'My, you're looking well'*
*...God help me!*
*She's mummified me–*
*ALIVE!*

### Sentimientos

¡Tiene que haber una herida!
Nadie puede estar tan dolido
Y no sangrar.

¿Cómo pudo ella herirme de esta manera?
Sin marcas
Sin lesiones

¡Y lo que es peor!
La gente me dice "Qué bien te ves"
...¡Oh, Dios, ayúdame!
Ella me ha momificado
¡VIVO!

### *Welcome Home*

*Unaware of my crime*
*they stood me in the dock.*

*I was sentenced to life...*
*without her.*

*Strange trial.*
*No judge.*
*No jury.*

*I wonder who my visitors will be.*

### Bienvenido a casa

Ignorante de mi delito
me sentaron en el banquillo.

Fui sentenciado a vida...
sin ella.

Extraño proceso.
Sin juez.
Sin jurado.

Me pregunto quiénes serán mis visitantes.

**POESÍA ESTADOUNIDENSE**

# Emily Dickinson
## (1830-1886)

### *A Rose*

A sepal, petal, and a thorn
Upon a common summer's morn,
A flash of dew, a bee or two,
A breeze
A caper in the trees,–
And I'm a rose!

### **A Word**

A word is dead
When it is said,
Some say.
I say it just
Begins to live
That day.

### **Cocoon**

Drab habitation of whom?
Tabernacle or tomb,
Or dome of worm,
Or porch of gnome,
Or some elf's catacomb?

## Una rosa

Un sépalo, un pétalo y una espina,
en una ordinaria mañana de verano.
Un destello de rocío, una abeja o dos,
una brisa.
Una travesura en los árboles,–
¡Y soy una rosa!

## Una palabra

Algunos dicen
que una palabra muere
cuando se dice.
Pero yo digo
que es sólo entonces
cuando está viva.

## Capullo

¿Burda habitación de quién?
¿Tabernáculo o sepulcro,
bóveda de un gusano,
atrio de un gnomo,
o de un duende catacumba?

## *Four Untitled Poems*

### I

Surgeons must be very careful
When they take the knife!
Underneath their fine incisions
Stirs the culprit, –Life.

### II

Love is anterior to life,
Posterior to death,
Initial of creation, and
The exponent of breath.

### III

To make a prairie it takes a clover
and one bee,–
One clover, and a bee,
And revery.
The revery alone will do
If bees are few.

### IV

Nature rarer uses yellow
Than another hue;
Saves she all of that for sunsets,–
Prodigal of blue,
Spending scarlet like a woman,
Yellow she affords
Only scantly and selectly,
Like a lover's words.

## Cuatro poemas sin título

### I

Los cirujanos deben ser muy
cuidadosos cuando usan el bisturí.
Bajo sus finas incisiones
bulle el culpable: La Vida.

### II

El amor es anterior a la vida,
posterior a la muerte,
inicio de la creación, y
razón del suspiro.

### III

Para hacer una pradera se precisa
de un trébol y una abeja.
Un trébol, una abeja,
y una ilusión.
Y sólo de una ilusión
si escaseasen las abejas.

### IV

La naturaleza, pródiga en azules,
rara vez usa el amarillo.
Lo guarda todo para el ocaso.
Abusa del rojo como una mujer,
y sólo dispensa el amarillo
en forma escueta y selecta,
como palabras de un amante.

# Hart Crane
## (1899-1932)

### *Exile*

*My hands have not touched pleasure since your hands, –
No, – nor my lips freed laughter since 'farewell',
And with the day, distance again expands
Voiceless between us, as an uncoiled shell.*

*Yet, love endures, though starving and alone.
A dove's wings clung about my heart each night
With surging gentleness, and the blue stone
Set in the tryst-ring has but worn more bright.*

## Exilio

Mis manos no han tocado placer desde tus manos,
No, ni mis labios han vuelto a reír desde el adiós,
Y con el día, aumenta de nuevo la distancia entre
[nosotros,
Silenciosa, como un amorfo caracol.

Sin embargo, el amor perdura, aunque hambriento y
[solitario.
Cada noche, con creciente mansedumbre,
una paloma se aferra con sus alas a mi corazón, y la
[piedra azul
del anillo de la alianza, aunque gastada, brilla más.

# Edna St. Vincent Millay
## (1892-1950)

### *Love Is Not All*

*Love is not all: it is not meat nor drink*
*Nor slumber nor a roof against the rain;*
*Nor yet a floating spar to men that sink*
*And rise and sink and rise and sink again;*
*Love can not fill the thickened lung with breath,*
*Nor clean the blood, nor set the fractured bone;*
*Yet many a man is making friends with death*
*Even as I speak, for lack of love alone.*
*It well may be that in a difficult hour,*
*Pinned down by pain and moaning for release,*
*Or nagged by want past resolution's power,*
*I might be driven to sell your love for peace,*
*Or trade the memory of this night for food.*
*It well may be. I do not think I would.*

## El amor no lo es todo

El amor no lo es todo: no es alimento ni bebida,
Ni ensueño, ni techo que proteja de la lluvia;
Ni un madero para que se aferren los hombres
Que caen y se levantan y vuelven a caer;
El amor no puede llenar de aire los pulmones,
Ni limpiar la sangre, ni soldar el hueso roto.
Sin embargo, hombres hay que en este instante
Se están muriendo sólo por falta de amor.
Podría muy bien ser que en un momento difícil,
Transida de dolor y gimiendo por liberarme,
O abrumada por el poder del reclamo de pasadas
                                        [resoluciones
Me vea precisada a trocar tu amor por paz,
O el recuerdo de esta noche por comida.
Podría muy bien ser. No creo que lo haría.

# E. E. Cummings
## (1894-1962)

### *Lady, i will touch you*

*Lady,i will touch you with my mind.
Touch you and touch you and touch
until you give
me suddenly a smile,shyly obscene*

*(lady i will
touch you with my mind.)Touch
you,that is all,*

*lightly and you utterly will become
with infinite ease*

*the poem which I do not write.*

### Señora, yo la tocaré

Señora, yo la tocaré con mi mente.
La tocaré y tocaré y tocaré
hasta que usted me regale de repente una sonrisa
tímidamente obscena.

Señora, yo la tocaré con mi mente.
La tocaré, eso es todo,
levemente, y usted toda
se transformará
con infinita naturalidad
en el poema que yo no escriba.

### *Once upon a time*

*Once upon a time*
>*A boy looked to the sky*
>*Where big white clouds lay furled,*
>*And he muttered with a sigh,*
>*«O, would I were a man!–*
>*How common place this world!*
>*Would I could roam and roam,*
>*Where all is strange and new,*
>*Where there are deeds to do,*
>*And find a grand, new home*
>*Where new folks came and»–*
>*Thus did the boy lament,*
>*Ending as he began,–*
>*«O, would I were a man!»*

*Once upon a time*
>*A man looked to the sky*
>*Where big, white clouds lay furled,*
>*And he cried with a sigh,*
>*«O, would I were a boy!–*
>*How dear was that old world,*
>*With the dear ones ever close,*
>*Afar from strange, new places*
>*Full of unknown, staring faces,*
>*Unfeeling, and morose.*

## Había una vez

Había una vez
      Un niño que miró al cielo
      donde enormes nubes blancas
      reposaban inertes,
      y murmuró con un suspiro:
      ¡Qué aburrido este mundo!
      ¡Oh, si yo fuera un hombre!
      Podría entonces vagar y vagar
      donde todo sea desconocido y nuevo,
      donde haya hazañas que afrontar
      y una casa grande y nueva
      donde nuevas gentes entren y salgan.
      Así el niño se lamentaba,
      concluyendo como había empezado:
      ¡Oh, si yo fuera un hombre!
Había una vez
      Un hombre que miró al cielo
      donde enormes nubes blancas
      reposaban inertes,
      y gritó con un suspiro:
      ¡Oh, si yo fuera un niño!
      Qué hermoso era aquel antiguo mundo
      en que los seres queridos estaban
                            [siempre cerca,
      lejos de extraños nuevos lugares
      llenos de rostros desconocidos y
                                   [curiosos,
      insensibles y hoscos.

*Give me my home, God-sent!»*
*Thus did the man lament,*
*Groaning, «Gone boyhood's joy!*
*O, would I were a boy!»*

¡Devuélvanme mi casa, don de Dios!
Así el hombre se lamentaba
y gemía: «Qué lejos la alegría de la
[niñez».
¡Oh, si yo fuera un niño!

William Carlos Williams
(1883-1963)

### The Red Wheelbarrow

*so much depends*
*upon*

*a red wheel*
*barrow*

*glazed with rain*
*water*

*beside the white*
*chickens*

### La carretilla roja

tanto depende
de

una carretilla
roja

reluciente de agua
de lluvia

junto a los polluelos
blancos

Robert Frost
(1874-1963)

## *Fire and Ice*

*Some say the world will end in fire,*
*Some say in ice.*
*From what I've tasted of desire*
*I hold with those who favor fire.*
*But if it had to perish twice,*
*I think I know enough of hate*
*To say that for destruction ice*
*Is also great*
*And would suffice.*

## Fuego y Hielo

Algunos dicen que el mundo se consumirá en fuego
Otros, que será en hielo.
Según lo que he conocido del deseo
Me sumo a los que dicen que será en fuego.
Pero si el mundo ha de perecer dos veces,
Creo saber bastante del odio
Para afirmar que el hielo
Será suficiente
Y no hará falta nada más.

# Sylvia Plath
(1932-1963)

## *Mirror*

I am silver and exact. I have no preconceptions.
Whatever I see I swallow immediately
Just as it is, unmisted by love or dislike.
I am not cruel, only truthful—
The eye of a little god, four cornered.
Most of the time I meditate on the opposite wall.
It is pink, with speckles. I have looked at it so long
I think it is part of my heart. But it flickers.
Faces and darkness separate us over and over.

Now I am a lake. A woman bends over me,
Searching my reaches for what she really is.
Then she turns to those liars, the candles or the moon.
I see her back, and reflect it faithfully.
She rewards me with tears and an agitation of hands.
I am important to her. She comes and goes.
Each morning it is her face that replaces the darkness.
In me she has drowned a young girl, and in me an old
                                                        [woman
Rises toward her day after day, like a terrible fish.

## Espejo

Soy plateado y exacto. No tengo prejuicios.
Cualquier cosa que veo de inmediato la absorbo
Tal como es, sin que el amor ni la aversión la empañe.
No soy cruel, sólo veraz–
El ojo enmarcado de un pequeño dios.
Paso el tiempo meditando en la pared de enfrente.
Es rosada, con manchas. De tanto mirarla
Pienso que es parte de mi corazón. Pero fluctúa.
Rostros y sombras nos separan una y otra vez.

Ahora soy un lago. Una mujer se inclina sobre mí,
Buscando en mis entrañas lo que ella realmente es.
Entonces recurre a esos impostores, el candil o la
[Luna.
Veo su espalda, y la reflejo fielmente.
Ella me paga con lágrimas y un temblor de sus
[manos.
Soy importante para ella. Su imagen viene y va.
Cada mañana es su rostro lo que reemplaza las
[sombras.
En mí ella ha ahogado a una muchacha, y en mí una
[anciana
Asciende día tras día hacia ella, como un pez terrible.

# Carl Sandburg
## (1878-1967)

### *Grass*

*Pile the bodies high at Austerlitz and Waterloo.*
*Shovel them under and let me work—*
> *I am the grass; I cover all.*

*And pile them high at Gettysburg*
*And pile them high at Ypres and Verdun.*
*Shovel them under and let me work.*

*Two years, ten years, and passengers ask the conductor:*
> *What place is this?*
> *Where are we now?*

> *I am the grass.*
> *Let me work.*

## Hierba

Hagan una alta pila de cuerpos en Austerlitz y
                                              [Waterloo.
Échenles tierra encima y déjenme obrar–
        Yo soy la hierba; yo lo cubro todo.

Y hagan una alta pila en Gettysburg
Y hagan una alta pila en Ypres y Verdún.
Échenles tierra encima y déjenme obrar.

Dos años, diez años, y los pasajeros preguntan al
                                               [conductor:
        ¿Qué lugar es éste?
        ¿Dónde estamos ahora?

        Yo soy la hierba.
        Déjenme obrar.

## *Fog*

*The fog comes*
*on little cat feet.*

*It sits looking*
*over harbor and city*
*on silent haunches*
*and then, moves on.*

**Niebla**

La niebla llega
como un gato.

Se sienta silenciosa
sobre sus ancas
a contemplar la ciudad y el puerto.
Y luego se va.

### *Chicago*

*Hog Butcher for the World,*
*Tool Maker, Stacker of Wheat,*
*Player with Railroads and the Nation's Freight Handler;*
*Stormy, husky, brawling,*
*City of the Big Shoulders:*
*They tell me you are wicked and I believe them, for I have*
                              *[seen your painted*
*women under the gas lamps luring the farm boys.*
*And they tell me you are crooked and I answer: Yes, it is*
                              *[true I have seen the*
*gunman kill and go free to kill again.*
*And they tell me you are brutal and my reply is: On the*
                              *[faces of women and*
*children I have seen the marks of wanton hunger.*
*And having answered so I turn once more to those who*
                              *[sneer at this my city,*
*and I give them back the sneer and say to them:*
*Come and show me another city with lifted head singing*
                              *[so proud to be alive*
*and coarse and strong and cunning.*

## Chicago

Carnicera de Cerdos para el Mundo,
Fabricante de Herramientas, Almacenista de Trigo,
Operadora de Ferrocarriles y Distribuidora de
                        [Mercancías de la Nación;
Tempestuosa, corpulenta, desafiante,
Ciudad de Anchos Hombros:
Me dicen que eres perversa y yo les creo, porque he
                        [visto a tus mujeres
pintarrajeadas seducir bajo las farolas a jóvenes
                        [granjeros.
Y me dicen que eres corrupta y yo respondo: Sí, es
                        [cierto, yo he visto al
pistolero matar y quedar en libertad para matar de
                        [nuevo.
Y me dicen que eres despiadada y mi respuesta es:
                        [En los rostros de mujeres
y niños he visto las huellas de un hambre bestial.
Y después de responder así, me vuelvo una vez más
                        [hacia los que
menosprecian mi ciudad, y les devuelvo su
                        [desprecio y les digo:
Vengan y muéstrenme otra ciudad con la cabeza en
                        [alto y con tanto orgullo
de estar viva, y de ser ruda y fuerte y astuta.

*Flinging magnetic curses amid the toil of piling job on
[job, here is a tall
bold slugger set vivid against the little soft cities;
Fierce as a dog with tongue lapping for action, cunning as
[a savage pitted
against the wilderness,
Bareheaded,
Shoveling,
Wrecking,
Planning,
Building, breaking, rebuilding,
Under the smoke, dust all over his mouth, laughing with
[white teeth,
Under the terrible burden of destiny laughing as a young
[man laughs,
Laughing even as an ignorant fighter laughs who has
[never lost a battle,
Bragging and laughing that under his wrist is the pulse,
[and under his ribs
the heart of the people, Laughing!
Laughing the stormy, husky, brawling laughter of Youth,
[half-naked,
sweating, proud to be Hog Butcher, Tool Maker, Stacker
[of Wheat, Player
with Railroads and Freight Handler to the Nation.*

Lanzando magnéticas imprecaciones en medio del
 [enorme esfuerzo de un
trabajo tras otro, he aquí un alto e intrépido
 [contrincante que se destaca
entre las débiles pequeñas ciudades.
Feroz como un perro jadeante, listo para la acción,
 [sagaz como un salvaje
enfrentándose a la jungla,
Con la cabeza descubierta,
Paleando,
Derribando,
Planeando,
Construyendo, demoliendo, reedificando,
Riendo bajo el humo, con sus blancos dientes, y la
 [boca cubierta de polvo,
Riendo bajo la terrible carga del destino, como sólo
 [saben reír los jóvenes,
Riendo como ríe un luchador ignorante que nunca
 [ha perdido una batalla,
Riendo y jactándose de que bajo su muñeca está el
 [pulso, y bajo sus costillas
el corazón del pueblo. ¡Riendo!
Con la violenta y ronca y desafiante risa de la
 [Juventud, semidesnuda,
sudorosa, orgullosa de ser Carnicera de Cerdos,
 [Fabricante de Herramientas,
Almacenista de Trigo, Operadora de Ferrocarriles y
 [Distribuidora de
Mercancías a la Nación.

## *Bones*

*Sling me under the sea.*
*Pack me down in the salt and wet.*
*No farmer's plow shall touch my bones.*
*No Hamlet hold my jaws and speak*
*How jokes are gone and empty is my mouth.*
*Long, green-eyed scavengers shall pick my eyes,*
*Purple fish play hide-and-seek,*
*And I shall be song of thunder, crash of sea,*
*Down on the floors of salt and wet.*
  *Sling me... under the sea.*

## Huesos

Échenme al fondo del mar.
Que me amortaje la humedad y la sal.
No habrá arado de granjero que quiebre mis huesos,
Ni Hamlet que use mi calavera para recitar
Cómo se terminaron las bromas y cuán vacía mi
[boca está.
Grandes, ojiverdes depredadores roerán mis ojos,
Y morados pececillos jugarán al escondite en mí,
Y yo seré canto de tormenta, estrépito de mar,
Allá abajo en los abismos de humedad y sal.
   Échenme... al fondo del mar.

## *Soup*

*I saw a famous man eating soup.*
*I say he was lifting a fat broth*
*Into his mouth with a spoon.*
*His name was in the newspapers that day*
*Spelled out in tall black headlines*
*And thousands of people were talking about him.*

*When I saw him,*
*He sat bending his head over a plate*
*Putting soup in his mouth with a spoon.*

## Sopa

Vi a un hombre famoso tomando sopa.
Digo que estaba llevando un espeso caldo
A su boca con una cuchara.
Su nombre estaba en los periódicos ese día
Deletreado en grandes titulares negros
Y miles de personas estaban hablando de él.

Cuando lo vi,
Él estaba sentado con la cabeza inclinada sobre un
[plato
Poniendo sopa en su boca con una cuchara.

### *Cool Tombs*

*When Abraham Lincoln was shoveled into the tombs, he*
                                    *[forgot the*
    *copperheads and the assassin... in the dust, in the cool*
                                    *[tombs.*

*And Ulysses Grant lost all thought of con men and Wall*
                                    *[Street, cash and*
    *collateral turned ashes... in the dust, in the cool tombs.*

*Pocahontas' body, lovely as poplar, sweet as a red haw in*
                                    *[November or a*
    *pawpaw in May, did she wonder? does she remember?*
                                    *[... in the dust, in the cool tombs?*

*Take any streetful of people buying clothes and groceries,*
                                    *[cheering a hero*
    *or throwing confetti and blowing tin horns... tell me if the*
    *lovers are losers... tell me if any get more than the lovers*
    *... in the dust... in the cool tombs.*

## Tumbas frías

Cuando a Abraham Lincoln lo echaron en la tumba,
[olvidó a sus enemigos y
a su asesino... en el polvo, en la tumba fría.

Y Ulysses Grant perdió toda noción de truhanes y
Wall Street, pagarés y
efectivo convertidos ya en ceniza... en el polvo, en
[la tumba fría.

El cuerpo de Pocahontas, esbelto como un ciprés,
[dulce como una fresa roja
en noviembre o una manzana en mayo, ¿le causó
[asombro? ¿lo
recuerda?... ¿en el polvo, en la tumba fría?

Piensa en cualquier calle llena de gente comprando
[víveres y ropas, dando
vítores a un héroe o lanzando confetis y
[haciendo sonar
cornetines de lata... dime si los amantes son
[perdedores... dime
si alguien logra más que los amantes... en el
[polvo... en la tumba fría.

## *At a Window*

*Give me hunger,*
*O you gods that sit and give*
*The world its orders.*
*Give me hunger, pain and want,*
*Shut me out with shame and failure*
*From your doors of gold and fame,*
*Give me your shabbiest, weariest hunger!*

*But leave me a little love,*
*A voice to speak to me in the day end,*
*A hand to touch me in the dark room*
*Breaking the long loneliness.*
*In the dusk of day-shapes*
*Blurring the sunset,*
*One little wandering, western star*
*Thrust out from the changing shores of shadow.*
*Let me go to the window,*
*Watch there the day-shapes of dusk*
*And wait and know the coming*
*Of a little love.*

### En una ventana

Dadme hambre,
Oh dioses que presidís y dais
Al mundo sus normas.
Dadme hambre, miseria y dolor,
Cerradme las puertas del oro y la fama
Y condenadme a la vergüenza y al fracaso.
¡Dadme la más ruin y horrible de las hambres!

Pero concededme un poco de amor,
Una voz que me hable al final del día,
Una mano que rompiendo la perenne soledad
Me toque en la oscura habitación.
Y en el crepúsculo de las diurnas formas
Una estrella fugaz que surja en el Oeste
De los mudables bordes de la sombra
Y que nuble el ocaso con su luz.
Permitidme ir a la ventana,
A contemplar desde allí
Las diurnas formas del anochecer
Y a esperar y presentir
Ese poco de amor.

Langston Hughes
(1902-1967)


### *The Negro Speaks of Rivers*

*I've known rivers:*
*I've known rivers ancient as the world and older than the*
*[flow*
*of human blood in human veins*

*My soul has grown deep like the rivers.*

*I bathed in the Euphrates when dawns were young.*
*I built my hut near the Congo and it lulled me to sleep.*

*I looked upon the Nile and raised the pyramids above it.*
*I heard the singing of the Mississippi when Abe Lincoln*
*[went*
*down to New Orleans, and I've seen its muddy bosom*
*[turn*
*all golden in the sunset.*

*I've known rivers:*
*Ancient, dusky rivers.*

*My soul has grown deep like the rivers.*

## El negro habla de ríos

Yo he conocido ríos:
Yo he conocido ríos tan antiguos como el mundo
 y más viejos que el fluir de la sangre en las venas
                                          [del hombre.

Mi alma ha crecido honda como los ríos.

Me bañé en el Éufrates cuando aún eran jóvenes los
                                                [días.
Construí mi choza junto al Congo y él arrulló mi
                                               [sueño.

Contemplé el Nilo y erigí pirámides en su ribera.
Escuché el cantar del Mississippi cuando Lincoln
                        [viajó a Nueva Orleáns,
 y he visto su seno lodoso volverse dorado en el
                                              [ocaso.

Yo he conocido ríos:
antiguos, umbrosos ríos.

Mi alma ha crecido honda como los ríos.

# Dorothy Parker
(1893-1967)

## *Résumé*

*Razors pain you;*
*Rivers are damp;*
*Acids stain you;*
*And drugs cause cramp.*
*Guns aren't lawful;*
*Nooses give;*
*Gas smells awful;*
*You might as well live.*

## Resumé

El mar es muy frío;
muy húmedo el río;
las cuchillas duelen;
y los nudos ceden.
Huele horrible el gas
y el veneno aun más;
... y es tan corrosivo;
mejor sigues vivo.

### *Unfortunate Coincidence*

*By the time you swear you're his,*
*Shivering and sighing,*
*And he vows his passion is*
*Infinite, undying—*
*Lady, make a note of this:*
*One of you is lying.*

### *Desdichada coincidencia*

Para el tiempo en que,
Trémula y extática,
Le jures ser suya,
Y él te diga
Que es constante y eterna su pasión–
Mujer, toma nota de esto:
Uno de los dos está mintiendo.

# Ezra Pound
(1885-1972)

### *In a Station of the Metro*

*The apparition of these faces in the crowd;
Petals on a wet, black bough.*

### En una estación del metro

La aparición de estos rostros en la multitud;
Pétalos en una rama húmeda y negra.

# Charles Reznikoff
## (1894-1976)

### *Te Deum*

*Not because of victories
I sing,
having none,
but for the common sunshine,
the breeze,
the largess of the spring.*

*Not for victory
but for the day's work done
as well as I was able;
not for a seat upon the dais
but at the common table.*

**Te Deum**

No por las victorias
canto,
que ninguna he tenido,
sino por el común rayo de sol,
la brisa,
la bondad de la primavera.

No por la victoria,
sino por el trabajo del día
hecho tan bien como fui capaz;
no por un asiento en el estrado,
sino por uno en la mesa común.

## Similes

*Indifferent as a statue  
to the slogan  
scribbled on its pedestal.*

*The way an express train  
snubs the passengers at a local station.*

*Like a notebook forgotten on the seat in the bus,  
full of names, addresses and telephone numbers:  
important no doubt, to the owner–  
and of no interest whatever  
to anyone else*

*Words like drops of water on a stove–  
a hiss and gone.*

### Símiles

Indiferente como una estatua
al texto
inscrito en su pedestal.

Del modo en que un tren expreso
ignora a los pasajeros en la estación local.

Como una libreta olvidada en el asiento del autobús,
llena de nombres, direcciones y números de teléfono:
importantes, sin duda, para el dueño–
y de ningún interés
para los demás.

Palabras como gotas de agua sobre una estufa–
un siseo y nada más.

# Archibald MacLeish
## (1892-1982)

### *Ars Poetica*

A poem should be palpable and mute
As a globed fruit,

Dumb
As old medallions to the thumb,

Silent as the sleeve-worn stone
Of casement ledges where the moss has grown–

A poem should be wordless
As the flight of birds.

A poem should be motionless in time
As the moon climbs,

Leaving, as the moon releases
Twig by twig the night-entangled trees,

Leaving, as the moon behind the winter leaves,
Memory by memory the mind–

A poem should be motionless in time
As the moon climbs.

A poem should be equal to:
Not true.

## Arte Poética

Un poema debe ser palpable y mudo
Como una fruta virgen,

Callado
Como viejos medallones al pulgar,

Silencioso como los rellanos de una roca gastada
Donde ha crecido el musgo.

Un poema debe ser sin palabras
Como el vuelo de las aves.

Un poema debe ser inmóvil en el tiempo
Como Luna en ascenso,

Que deje, como la Luna libera rama a rama,
A los árboles enredados en la noche,

Que deje, como la Luna tras el invierno deja,
Recuerdos tras recuerdos en la mente.

Un poema debe ser inmóvil en el tiempo
Como Luna en ascenso.

Un poema debe ser igual a:
No es cierto.

*For all the history of grief
An empty doorway and a maple leaf.*

*For love
The leaning grasses ant two lights above the sea—*

*A poem should not mean
But be.*

Para toda la historia del dolor
Una hoja de arce y un umbral desierto.

Para el amor
Hierbas inclinadas y dos luces sobre el mar.

Un poema no debe decir
Sino ser.

### *The End of the World*

*Quite unexpectedly as Vasserot
The armless ambidextrian was lighting
A match between his great and second toe,
And Ralph the lion was engaged in biting
The neck of Madame Sossman while the drum
Pointed, and Teeny was about to cough
In waltz-time swinging Jocko by the thumb–
Quite unexpectedly the top blew off:*

*And there, there overhead, there, there hung over
Those thousands of white faces, those dazed eyes,
There in the starless dark, the poise, the hover,
There with vast wings across the canceled skies,
There in the sudden blackness the black pall
Of nothing, nothing, nothing– nothing at all.*

# El fin del mundo

Inesperadamente, en el momento en que Vasserot
El manco ambidiestro encendía
Un cerillo con los dedos del pie,
Y Ralph, el león, estaba enfrascado en morderle
El cuello a Madame Sossman mientras redoblaba el
[tambor,
Y Teeny, a punto de toser, columpiaba del pulgar
A Jocko al ritmo de un vals–
Inesperadamente la carpa estalló:

Y allá, allá en las alturas, allá, allá suspendido
Sobre esos miles de lívidos rostros y atónitos ojos,
Allá en la oscuridad sin estrellas, lo inerte, el girar,
Allá con alas inmensas a todo lo ancho del
[extinguido cielo,
Allá en la súbita negrura, el negro palio de la nada
Nada, nada, nada– absolutamente nada.

### *Psyche with the Candle*

*Love which is the most difficult mystery*
*Asking from every young one answers*
*And most from those most eager and most beautiful—*

*Love is a bird in a fist:*
*To hold it hides it, to look at it lets it go.*
*It will twist loose if you lift so much as a finger.*
*It will stay if you cover it— stay but unknown and*
*invisible.*
*Either you keep it forever with fist closed*
*Or let it fling*
*Singing in fervor of sun and in song vanish.*
*There is no answer other to this mystery.*

## Psique con el candil

Amor, el más inescrutable de los misterios
Pregunta a cada joven sus razones
Sobre todo a los más entusiastas y hermosos–

El amor es como un pájaro en un puño:
Para retenerlo lo oculta; contemplarlo es dejarlo ir.
De sólo alzar un dedo se evadirá.
Si lo escondes se quedará, pero ignoto e invisible.
O bien lo mantienes por siempre en un puño cerrado
O lo dejas que escape cantando
En honor al Sol, y que en un canto se esfume.
No hay otra explicación para este misterio.

### *Across the River and Under the Trees*

*How time goes racing now when there's no need to—*
*when there's so little farther left to go:*
*over the river— under the trees. Time ought to lead us*
*slow now... slow!*

*No need to race the days so— Sunday, Monday.*
*Yesterday was April: now it's May.*
*Time ought to stop a little just at sundown—*
*stand there— stay:*

*stay there by the roadside while evening*
*hangs one star beyond the moon*
*and nothing stirs or breaths. Then leave us*
*soon. Ah... soon.*

## Al otro lado del río y bajo los árboles

Qué rápido corre el tiempo ahora, cuando ya no hay
                                               [prisa–
cuando queda tan poco por andar:
más allá del río– bajo los árboles. El tiempo debería
                                               [conducirnos
despacio ahora... ¡despacio!

No tienen por qué apurarse así los días– domingo,
                                               [lunes.
Ayer era abril: es mayo ahora.
El tiempo debería detenerse un poco al atardecer–
pararse ahí– quedarse:

quedarse ahí junto al camino mientras la tarde
cuelga una estrella más allá de la Luna
y nada se mueve ni respira. Entonces, que nos deje
pronto. Ah... pronto.

### *Return to the Island*

*Years ago in the night
there were words in the sound of the wind,
words in the sound of the sea.
I would wake in the night and know
that they spoke to me.*

*Now in the night the words
cry in the sound of the wind,
cry in the sound of the sea.
I awake and I know they speak
but not to me.*

### Regreso a la isla

Años atrás en la noche
había palabras en el sonido del viento,
palabras en el sonido del mar.
Yo despertaba en la noche y sabía
que era a mí a quien hablaban.

Ahora en la noche las palabras
claman en el sonido del viento,
claman en el sonido del mar.
Despierto y sé que hablan
pero no a mí.

# Jane Kenyon
## (1947-1995)

### *Otherwise*

*I got out of bed
on two strong legs.
It might have been
otherwise. I ate
cereal, sweet
milk, ripe, flawless
peach. It might
have been otherwise.
I took the dog uphill
to the birch wood.
All morning I did
the work I love.*

*At noon I lay down
with my mate. It might
have been otherwise.
We ate dinner together
at a table with silver
candlesticks. It might
have been otherwise.
I slept in a bed
in a room with paintings
on the walls, and
planned another day
just like this day.
But one day, I know,
it will be otherwise.*

### De otro modo

Me levanté de la cama
en dos fornidas piernas.
Podría haber sido
de otro modo. Comí
cereal con leche
azucarada y un durazno
maduro y perfecto. Podría
haber sido de otro modo.
Llevé mi perro cuesta arriba
al bosque de abedules.
Toda la mañana
hice el trabajo
que me gusta.

Al mediodía me acosté
junto a mi pareja. Podría
haber sido de otro modo.
Cenamos juntos
en una mesa con
candelabros de plata. Podría
haber sido de otro modo.
Dormí en la cama
de una habitación con cuadros
en las paredes, y
planifiqué otro día
exactamente igual a este día.
Pero un día, yo sé,
será de otro modo.

Maya Angelou
(b. 1928)

## *Refusal*

*Beloved,*
*In what other lives or lands*
*Have I known your lips*
*Your Hands*
*Your Laughter brave*
*Irreverent.*
*Those sweet excesses that*
*I do adore.*
*What surety is there*
*That we will meet again,*
*On other worlds some*
*Future time undated.*
*I defy my body's haste.*
*Without the promise*
*Of one more sweet encounter*
*I will not deign to die.*

## Desafío

Amado,
En qué otras vidas o lugares
He conocido tus labios
Tus manos
Tu risa irreverente y desafiante.
Esos dulces excesos que adoro.
Qué certeza hay
De encontrarnos de nuevo
En otros mundos
En algún futuro sin fecha.
Desafío la prisa de mi cuerpo.
Sin la promesa
De otro dulce encuentro
Me negaré a morir.

# Mark Strand
## (b. 1934 in Prince Edward Island, Canada)

### *Keeping Things Whole*

*In a field
I am the absence
of field.
This is
always the case.
Wherever I am
I am what is missing.*

*When I walk
I part the air
and always
the air moves in
to fill the spaces
where my body's been.*

*We all have reasons
for moving.
I move
to keep things whole.*

## Mantener las cosas intactas

En una pradera
yo soy la ausencia
de pradera.
Éste es siempre el caso.
Dondequiera que estoy
yo soy lo que deja de ser.

Cuando camino
escindo el aire
y siempre
vuelve el aire
a llenar el espacio
donde mi cuerpo estuvo.

Todos tenemos razones
para movernos.
Yo me muevo
para que las cosas se mantengan intactas.

# Wendell Berry
(b. 1934)

## The Man Born to Farming

*The Grower of Trees, the gardener, the man born to
                              [farming,
whose hands reach into the ground and sprout
to him the soil is a divine drug. He enters into death
yearly, and comes back rejoicing. He has seen the light lie down
in the dung heap, and rise again in the corn.
His thought passes along the row ends like a mole.
What miraculous seed has he swallowed
That the unending sentence of his love flows out of his
                                        [mouth
Like a vine clinging in the sunlight, and like water
Descending in the dark?*

# El hombre nacido para la labranza

El sembrador de árboles, el jardinero, el hombre
[nacido para la labranza,
cuyas manos penetran la tierra y germinan,
para él, la tierra es una droga divina. Él se adentra
[anualmente en la muerte,
y regresa gozoso. Él ha visto disiparse la luz
en el estercolero, y resurgir de nuevo en el maíz.
Su pensamiento recorre los surcos como un topo.
¿Qué milagrosa semilla habrá comido
para que la infinita sentencia de su amor fluya de su
[boca
como una enredadera que se aferra a la luz solar, y
[como agua
que desciende en la penumbra?

## *The Peace of Wild Things*

*When despair grows in me*
*and I wake in the middle of the night at the least sound*
*in fear of what my life and my children's lives may be,*
*I go and lie down where the wood drake*
*rests in his beauty on the water, and the great heron feeds.*
*I come into the peace of wild things*
*who do not tax their lives with forethought*
*of grief. I come into the presence of still water.*
*And I feel above me the day-blind stars*
*waiting for their light. For a time*
*I rest in the grace of the world, and am free.*

## La paz de las cosas silvestres

Cuando la desesperanza me agobia
y despierto al menor ruido en medio de la noche
temeroso de lo que mi vida
y la de mis hijos puedan ser,
voy a donde la garza real se alimenta
y el señuelo reposa en su belleza sobre el agua.
Me adentro en la paz de las cosas silvestres
que no gravan sus vidas con infaustas premoniciones.
Me adentro en la presencia del agua en calma.
Y siento sobre mí las ciegas estrellas diurnas
que esperan por su luz. Y por un rato
reposo en la paz del mundo, y soy libre.

Russell Edson
(b. 1935)

## *The Fall*

*There was a man who found two leaves and came indoors holding them out saying to his parents that he was a tree.*

*To which they said then go into the yard and do not grow in the living-room as your roots may ruin the carpet.*

*He said I was fooling I am not a tree and he dropped his leaves.*

*But his parents said look it is fall.*

### El otoño

Hubo una vez un hombre que encontró dos hojas
[y con una en cada
mano entró a la casa diciendo a sus padres que era
[un árbol.

A lo que ellos respondieron entonces sal al patio
[y no crezcas en la
sala que tus raíces pueden arruinar la alfombra.

Él les contestó yo estaba bromeando yo no soy
[un árbol y dejó caer las hojas.

Pero sus padres dijeron mira es otoño.

### *Antimatter*

*On the other side of a mirror there's an inverse world,*
                              *[where the*
*insane go sane, where bones climb out of the earth and*
                              *[recede to the first*
*slime of love.*

*And in the evening the sun is just rising.*

*Lovers cry because they are a day younger, and soon*
                              *[childhood robs*
*them of their pleasure.*

*In such a world there is much sadness which, of*
                              *[course, is joy...*

## Antimateria

Detrás de un espejo hay un mundo a la inversa,
[donde los locos sanan,
donde los huesos emergen de la tierra y retroceden
[al primigenio légamo del amor.

Y al atardecer comienza a salir el Sol.

Los amantes lloran porque son un día más
[jóvenes, y pronto la niñez
los privará de sus placeres.

En un mundo así hay mucha tristeza que, por
[supuesto, es alegría...

### *Accidents*
*(Fragment)*

*The barber has accidentally taken off an ear. It lies like [something newborn on the floor in a nest of hair.*
  *Oops, says the barber, but it musn't've been a very [good ear, it came off with very little complaint.*
  *It wasn't, says the customer, it was always overly [waxed.*
  *That's comforting, says the barber, still, I can't send [you home with only one ear. I'll have to remove the other one. But don't worry, [it'll be an accident.*
  *Symmetry demands it. But make sure it's an accident, [I don't want you cutting me up on purpose.*
  *Maybe I'll just slit your throat.*
  *But it has to be an accident...*

### Accidentes
(Fragmento)

El barbero ha cortado accidentalmente una oreja. [Yace en el suelo como algo recién nacido en un nido de pelos.
Ay, dijo el barbero, pero no debe haber sido una [oreja muy buena, se desprendió sin apenas quejarse.
No lo era, dijo el cliente, producía demasiado [cerumen.
Eso es reconfortante, dijo el barbero, pero aun [así, no puedo enviarlo a casa con una sola oreja. Tendré que cortarle la otra. [Pero no se preocupe, será un accidente.
La simetría se impone. Pero asegúrese de que sea [un accidente, no quiero que me la corte intencionalmente.
Quizás simplemente lo degüelle.
Pero que sea un accidente...

## One Lonely Afternoon

*Since the fern can't go to the sink for a drink of
water, I graciously submit myself to the task, bringing*
                                                                       *[two*
*glasses from the sink.*
*And so we sit, the fern and I, sipping water together.*

*Of course I'm more complex than a fern, full of deep
thoughts as I am. But I lay this aside for the easy*
                                                   *[company*
*of an afternoon friendship.*
*I don't mind sipping water with a fern, even though,
had I my druthers, I'd be speeding through the sky for
Stockholm, sipping a bloody mary with a wedge of lime.*

*And so we sit one lonely afternoon sipping water
together. The fern looking out of its fronds, and I, looking
out of mine...*

## Una tarde solitaria

Ya que el helecho no puede ir por agua a la fuente,
Yo, amablemente, me brindo para hacerlo
y traigo dos vasos de la fuente.
Y así nos sentamos, el helecho y yo, a beber juntos el
[agua.

Por supuesto, yo tan lleno de pensamientos
[profundos como estoy,
soy mucho más complejo que el helecho. Pero dejo
[eso a un lado
por la agradable compañía de una amistad en la
[tarde.

A mí no me importa beber agua con un helecho,
aunque si por mí fuera, mejor estaría viajando
[velozmente por los aires
rumbo a Estocolmo, bebiendo un *bloody mary* con
[una rodaja de limón.

Pero el caso es que una solitaria tarde, el helecho y
[yo estamos sentados
bebiendo agua juntos.
El helecho mirando desde su follaje, y yo, desde el
[mío...

# Charles Simic
(b.1938 in Belgrado, Yugoslavia.)

## *Watermelons*

*Green Buddhas
On the fruit stand.
We eat the smile
And spit out the teeth.*

### Sandías

Verdes Budas
En el puesto de futas.
Comemos la sonrisa
Y escupimos los dientes.

# Jack Prelutsky
(b. 1940)

## *Last Night I Dreamed of Chickens*

*Last night I dreamed of chickens,
there were chickens everywhere,
they were standing on my stomach,
they were nesting in my hair,
they were pecking at my pillow,
they were hopping on my head,
they were ruffling up their feathers
as they raced about my bed.*

*They were on the chairs and tables,
they were on the chandeliers,
they were roosting in the corners,
they were clucking in my ears,
there were chickens, chickens, chickens
for as far as I could see...
when I woke today, I noticed
there were eggs on top of me.*

### Anoche soñé con pollos

Anoche soñé con pollos,
había pollos por doquier,
estaban sobre mi estómago,
anidaban en mi pelo,
picoteaban mi almohada,
saltaban en mi cabeza,
se sacudían las plumas,
mientras correteaban por mi cama.

Estaban en las mesas y en las sillas,
estaban en los candelabros,
posados en las esquinas,
piaban en mis oídos,
había pollos, pollos, pollos
hasta donde alcanzaba mi vista...
Hoy, cuando desperté, noté
que estaba cubierto de huevos.

Sharon Olds
(b. 1942)

### *The Pope's Penis*

*It hangs deep in his robes, a delicate*
*clapper at the center of a bell.*
*It moves when he moves, a ghostly fish in a*
*halo of silver seaweed, the hair*
*swaying in the dark and the heat – and at night*
*while his eyes sleep, it stands up*
*in praise of God.*

## El pene del Papa

Cuelga en lo profundo bajo su ropón,
un discreto badajo en el centro de una campana.
Se mueve cuando él se mueve, un pez fantasma en
                                                [un halo
de plateadas algas, el vello
columpiándose en la oscuridad y el calor  −  y en la
                                                  [noche
mientras sus ojos duermen, se eleva
en alabanza a Dios.

## *The Unborn*

*Sometimes I can almost see, around our heads,
Like gnats around a streetlight in summer,
The children we could have,
The glimmer of them.*

*Sometimes I feel them waiting, dozing
In some antechamber—servants, half-
Listening for the bell.*

*Sometimes I see them lying like love letters
In the Dead Letter Office*

*And sometimes, like tonight, by some black
Second sight I can feel just one of them
Standing on the edge of a cliff by the sea
In the dark, stretching its arms out
Desperately to me.*

## El que aún no ha nacido

A veces casi puedo ver, alrededor de nuestras
[cabezas,
Como mosquitos alrededor de un farol en verano,
Los hijos que podríamos tener,
El vislumbre de ellos.

A veces los siento dormitando en alguna
[antecámara,
Sirvientes a la espera del llamado de una campana.

A veces los veo yacer como cartas de amor
En la Oficina de las Cartas Muertas.

Y a veces, como esta noche,
Debido a alguna sombría premonición,
Puedo sentir sólo a uno de ellos
De pie al borde de un precipicio frente al mar
Tendiendo desesperadamente
Sus brazos hacia mí en la oscuridad.

Maya García Domínguez
(b. 1956 in Havana, Cuba)

## *A Book*

*If I could be an inanimate object...*
*imagine a used book;*
*thick, heavy but soft-paged, golden-edged,*
*a leather-bound volume with gilded words.*
*Dignified and stately but worn, lovingly*
*used, hand oiled, creased, cracked a bit*
*here and there, a dog-ear now and then,*
*perhaps from a moment of studious rapture,*
*as if believing selfishly that time*
*could wait and still be there,*
*whenever that feeling should rise again.*

*And there I'd be, all open-arms,*
*yet so composed, so neat and organized,*
*word after word, line after line, smooth, flat,*
*translucent page upon page.*
*The calm of a still river, deceivingly*
*quiet and peaceful.*

*But upon opening, from a single original ripple*
*out would rush excited introductions, forewords and*
*dedications,*
*a gushing current would reveal*

## Un libro

Si yo fuera un objeto inanimado...
quisiera ser un libro antiguo,
grueso, usado,
de páginas finas con bordes dorados,
encuadernado en piel, y en la cubierta
letras repujadas.
Digno y elegante, aunque gastado.
Con huellas de dedos y de años
de tanto ser leído, acariciado.
Alguna que otra página arrugada, hasta rasgada
o mal doblada,
señalando un pasaje memorable
que para revivirlo
quiso un lector así marcarlo.

Y ahí estaría,
correcto, preciso, organizado,
palabra tras palabra,
línea sobre línea,
fluido, traslúcido, armonioso.
Página tras página.
quieto, reposado,
con la calma aparente de un arroyo...

Pero una vez abierto,
de una primera oleada surgirían
prólogo, epígrafes, dedicatorias,
y una imperceptible corriente mostraría

*a deeper, unseen fervor from between lines;*
*those endless combinations of living phrases clinging,*
*squirming, gasping, fighting, swimming, gurgling,*
*swarms of words,*
*still freshly caught in the hurled net of ink*
*born of some ancient author's dream.*
*And I, content to house and envelop and stand guard by*
*[the door, a mere*
*printed testimony.*
*And yet you the reader, outside, my anxious lover.*

un hondo, invisible fervor entre sus líneas,
enjambre de palabras aferrándose,
jadeando, compitiendo, nadando en el papel;
apresadas en la red negra de la tinta.
Nacidas todas del antiguo sueño de un poeta.
Y yo, un mero testimonio impreso,
contenta de albergar y ser guardiana de su sueño.
Y tú a la puerta, lector, mi amante ansioso.

**LA MEJOR CANCIÓN DEL SIGLO XX**

# Abel Meeropol
(1903-1986)

## *Strange Fruit*

*Southern trees bear strange fruit,*
*Blood on the leaves and blood at the root,*
*Black bodies swinging in the southern breeze,*
*Strange fruit hanging from the poplar trees.*

*Pastoral scene of the gallant south,*
*The bulging eyes and the twisted mouth,*
*Scent of magnolias, sweet and fresh,*
*Then the sudden smell of burning flesh.*

*Here is a fruit for the crows to pluck,*
*For the rain to gather, for the wind to suck,*
*For the sun to rot, for the trees to drop,*
*Here is a strange and bitter crop.*

Canción que escribió Abel Meeropol (1903-1986), bajo el seudónimo de Lewis Allan, en la década del 30. «La mejor canción del siglo», la calificó *Time Magazine*. Bellísimo y desgarrador lamento por la inhumana crueldad de la discriminación racial en Estados Unidos, y que se convirtió en *the signature song* de Billie Holiday. Hay otra versión, también antológica, por la gran contralto norteamericana Marian Anderson.

### Extraña fruta

Los árboles sureños dan una fruta extraña,
Sangre en las hojas y sangre en la raíz,
Cuerpos negros meciéndose en la brisa del sur,
Extraña fruta que cuelga de los álamos.

Bucólica escena del galante sur,
Ojos hinchados y bocas torcidas,
Aroma fresco y dulce de magnolias,
Y de pronto el hedor de la carne quemada.

He aquí una fruta para que la picoteen los cuervos,
Para que la pudra el Sol y la desgarre el viento,
Para que la lluvia horade y dejen caer los árboles,
He aquí una cosecha amarga y extraña.

# ÍNDICE

**SOBRE POESÍA Y TRADUCCIONES**
La traducción poética / 13
Los retos de un traductor / 14
Traduttore, Traditore / 17
Tribulaciones y alegrías de un traductor:
　La Segunda Venida o El Segundo Advenimiento / 20
La traducción indirecta / 22

**ALGUNAS DE MIS TRADUCCIONES FAVORITAS**

**POESÍA LATINA**
Priapus / 34
Príapo / 35

**POESÍA INDOAMERICANA**
*The Moon and the Sun (Indian Legend)* / 38
La Luna y el Sol (Leyenda india) / 39

**POESÍA INGLESA E IRLANDESA**
William Shakespeare: *From Midsummer Night's Dream* / 44
　De Sueño de una noche de verano / 45
Percy Bysshe Shelley: *Music, When Soft Voices Die* / 46
　La música, cuando las gratas notas mueren / 47
William Blake: *The Sick Rose* / 48
　La rosa enferma / 49
Walter Savage Landor: *I Strove with None* / 50
　Por nadie luché / 51
Alfred, Lord Tennyson: *Flower in the Crannied Wall* / 52
　Flor en el muro agrietado / 53
Ernest Dowson: *Vitae Summa Brevis Spem Nos Vetat*
　　　　　　　　　　　　　　*Incohare Longam* / 54
　Vitae Summa Brevis Spem Nos Vetat Incohare
　　　　　　　　　　　　　　Longam / 55
William Butler Yeats: *The Second Coming* / 56
　La Segunda Venida / 57

    *When You Are Old* / 60
    Cuando seas una anciana / 61
Spike Milligan: *Feelings* / 62
    Sentimientos / 63
    *Welcome Home* / 64
    Bienvenido a casa / 65

## POESÍA ESTADOUNIDENSE

Emily Dickinson: *Selection of Short Poems* / 68
    Selección de poemas breves / 69
    *Four Untitled Poems* / 70
    Cuatro poemas sin título / 71
Hart Crane: *Exile* / 72
    Exilio / 73
Edna St. Vincent Millay: *Love Is Not All* / 74
    El amor no lo es todo / 75
E. E. Cummings: *Lady, i will touch you* / 76
    Señora, yo la tocaré / 77
    Once upon a time / 78
    Había una vez / 79
William Carlos Williams: *The Red Wheelbarrow* / 82
    La carretilla roja / 83
Robert Frost: *Fire and Ice* / 84
    Fuego y Hielo / 85
Sylvia Plath: *Mirror* / 86
    Espejo / 87
Carl Sandburg: *Grass* / 88
    Hierba / 89
    *Fog* / 90
    Niebla / 91
    *Chicago* / 92
    Chicago / 93
    *Bones* / 96
    Huesos / 97
    *Soup* / 98
    Sopa / 99
    *Cool Tombs* / 100
    Tumbas frías / 101

At a Window / 102
En una ventana / 103
Langston Hughes: *The Negro Speaks of Rivers* / 104
   El negro habla de ríos / 105
Dorothy Parker: *Résumé* / 106
   Resumé / 107
   *Unfortunate Coincidence* / 108
   Desdichada coincidencia / 109
Ezra Pound: *In a Station of the Metro* / 110
   En una estación del Metro / 111
Charles Reznikoff: *Te Deum* / 112
   Te Deum / 113
   *Similes* / 114
   Símiles / 115
Archibald MacLeish: *Ars Poetica* / 116
   Arte Poética / 117
   *The End of the World* / 120
   El fin del mundo / 121
   *Psyche with the Candle* / 122
   Psique con el candil / 123
   *Across the River and Under the Trees* / 124
   Al otro lado del río y bajo los árboles / 125
   *Return to the Island* / 126
   Regreso a la isla / 127
Jane Kenyon: *Otherwise* / 128
   De otro modo / 129
Maya Angelou: *Refusal* / 130
   Desafío / 131
Mark Strand: *Keeping Things Whole* / 132
   Mantener las cosas intactas / 133
Wendell Berry: *The Man Born to Farming* / 134
   El hombre nacido para la labranza / 135
   *The Peace of Wild Things* / 136
   La paz de las cosas silvestres / 137
Russell Edson: *The Fall* / 138
   El otoño / 139
   *Antimatter* / 140
   Antimateria / 141

*Accidents (Fragment)* / 142
  Accidentes (Fragmento) / 143
  *One Lonely Afternoon* / 144
  Una tarde solitaria / 145
Charles Simic: *Watermelons* /146
  Sandías / 147
Jack Prelutsky: *Last Night I Dreamed of Chickens* / 148
  Anoche soñé con pollos / 149
Sharon Olds: *The Pope's Penis* / 150
  El pene del Papa / 151
  *The Unborn* / 152
  El que aún no ha nacido / 153
Maya García Domínguez: *A Book* / 154
  Un libro / 155

**LA MEJOR CANCIÓN DEL SIGLO XX**
  Abel Meeropol (Lewis Allan): *Strange Fruit* / 160
    Extraña fruta / 161